Eberhard Hermes

Training
Analyse und Interpretation
erzählender Prosa

Sekundarstufe II

Lösungsheft

Ernst Klett Verlag für Wissen und Bildung
Stuttgart · Dresden

Zu diesem Lösungsheft

Wenn man eine unserer 31 Übungen einem Kurs von zwölf Teilnehmern als Aufgabe stellt, erhält man zwölf kürzere oder längere schriftliche Äußerungen, von denen keine der anderen gleicht. Trotzdem wird es bei denen, welchen die Lösung der Aufgabe gelungen ist, zahlreiche Übereinstimmungen geben. Sie werden nämlich die gleichen Feststellungen am Text gemacht, die gleichen Erkenntnisse über Struktur und Thematik des Textes gewonnen haben. Allerdings werden sie diese unterschiedlich gewichtet und auf jeweils andere Weise zur Sprache gebracht haben. Insofern kann eine dieser Darstellungen, in denen die Lösung der Aufgabe gelungen ist, von anderen Kursteilnehmern als Muster genommen und zur Überprüfung des eigenen Textes benutzt werden. In diesem Sinne, d. h. als eine mögliche Darstellung der Aufgabenlösung unter anderen, sind die hier vorgelegten Lösungsmuster zu verstehen. In einem Punkt jedoch erfüllen sie noch eine zusätzliche Funktion: Die im Lösungsheft angebotenen Muster sind machmal ausführlicher und detaillierter gehalten, als sie ein Kursteilnehmer in der Regel verfassen würde. Wir verbinden damit die Absicht, daß möglichst alle Fragen, die irgendeinem Benutzer des Buches während seiner Arbeit am Text Probleme bereitet haben, angesprochen werden und eine Klärung erfahren.

Inhaltsanalyse – Verfassen einer Inhaltsangabe

Aufgabe 1

Lesenotizen

1. Personen:
Lokführer (kein Name) erzählt von früher („damals, als wir ...": 1),
Heizer Jakob Schmitz (4/5) schaut nach ‚dem Spinner' aus (12–15)

2. Raum:
Straßeneinmündung von Kolze her ohne Vorfahrt (16–21), nahe einer engen
Eisenbahnunterführung (2/3, 16/17, 23)

3. Handlung:
Dort hat sich der Mann postiert (22–24), sein Äußeres wird beschrieben (Wie
er aussah? 25–29), er regelt dort den Verkehr (29–31, 49/50)
Wie er das machte? (32–40, im dunklen Herbst mit Laterne)
Weshalb er das tat? Ein Jahr später erfuhr Jakob Schmitz es von seiner Toch-
ter: Der Mann hatte seinen Sohn, „einen wilden Motorradfahrer", „an dieser
Stelle verloren" (41–48). Seitdem regelt der Mann dort den Verkehr (49/50).

4. Zeit:
Die Uhrzeit des tödlichen Unfalls entspricht der Zeit, zu welcher der Zug die
Stelle passiert: „Jeden Morgen gegen sieben Uhr dreißig" (2), „Mitte Septem-
ber, jeden Morgen" (14/5), „jeden Morgen gegen sieben Uhr dreißig" (30), „früh
zwischen sieben und acht" (47). Diese Uhrzeit verbindet die Zeit mit dem
Raum, „dieser gefährlichen Stelle" (30/1), beides zusammen bezeichnet das
Zentrum der Geschichte.
Zum Schluß Ausblick in die Zukunft, Aufstellung eines Stopschildes von der
Gemeinde beantragt (50–53).

Inhaltsangabe

Ein ungenannter Lokführer berichtet dem Erzähler von einem lange zurücklie-
genden Ereignis. Sein Heizer Jakob Schmitz habe damals an einer bestimmten
Stelle, die sie täglich um 7.30 Uhr passieren mußten, nach einem Mann – weil
sie nichts Näheres über ihn wußten, nannten sie ihn ‚den Spinner' – Ausschau
gehalten, der dort, ohne daß er zur Polizei gehörte, den Verkehr regelte. An der
Stelle stieß nämlich eine von dem Ort Kolze kommende Straße auf die vor-
fahrtberechtigte Durchgangsstraße. Die Stelle war wegen einer engen Eisenbahnunterführung unübersichtlich. Später erfuhr Jakob Schmitz, daß der

Mann, ein Rentner, an dieser Stelle seinen Sohn durch einen Motorradunfall verloren habe und seitdem dort den Verkehr regle. Am Ende bemerkt der Lokführer, daß die Gemeinde beantragt habe, daß dort ein Stopschild aufgestellt werde.

Aufgabe 2

Lesenotizen

1. Personen:
Ich-Erzähler, rhetorische Frage, wünscht Anerkennung als Steuermann, die verweigert ein nur ungenau beschriebener Mann (Geste des Traum-Verscheuchens) (1–3)

2. Handlung:
Tempuswechsel, Ich-Erzähler berichtet, wie es zu der Konfrontation gekommen war: Kampf ums Steuer, den der Mann gewinnt (Siegergeste: Fuß auf die Brust setzen) (3–10).
Ich-Erzähler wendet sich an Mannschaft um Hilfe, die kommt an Deck, charakterisiert als „schwankende müde mächtige Gestalten" (14), erneute Frage „Bin ich der Steuermann?", Mannschaft nickt, achtet aber nur auf „den Fremden" und gehorcht, als dieser sie wieder unter Deck schickt („Stört mich nicht!") (10–18).
Ich-Erzähler wendet sich an Leser (18/9).

3. Zeit:
Bleibt unbestimmt („in der dunklen Nacht", „schwachbrennende Laterne": 4)

4. Raum:
Vom Schiff wird nur ein Ausschnitt gezeigt (Steuer: 3, 8, 12, Mannschaftsraum: 11, Schiffstreppe: 13, 18), eine Kommandobrücke, wo ein Kapitän agiert, der auch in den Streit eingreifen würde, fehlt.

Inhaltsangabe

Ein Ich-Erzähler, der auf seiner Stellung als Steuermann besteht, die ihm von einem unbekannten Mann streitig gemacht wird, berichtet vom Machtkampf um das Steuerrad, den der Fremde gewinnt. Darauf wendet sich der Unterlegene an die Mannschaft, die ihn zwar anerkennt, jedoch dem Fremden gehorcht, der sie wieder unter Deck schickt. Da wendet sich der Ich-Erzähler an den Leser mit der Frage, ob man es da noch mit denkenden Wesen zu tun habe.

Diese Wendung, die fehlende Charakterisierung der beiden Konkurrenten sowie die Unbestimmtheit von Raum und Zeit lassen darauf schließen, daß es sich nur um ein Bild handelt (vielleicht vergleichbar mit der alten Metapher vom ‚Staatsschiff'), so daß ein anderer Inhalt gemeint ist, z. B. der politische Führungskampf, bei dem es auch darum geht, wer den Kurs bestimmt, und bei dem es darauf ankommt, wem die Bevölkerung gehorcht.

Hier ist also die Inhaltsangabe nicht von der Interpretation zu trennen.

Aufgabe 3

Text 1

Lesenotizen

1. Personen:
„Wir", der Erzähler spricht für alle Menschen, Einschränkung: aus irdischer Sicht, Lage des Menschen im Gleichnis veranschaulicht.

2. Raum:
Im Tunnel verunglückt, Ein- und Ausgang kaum zu sehen, Spiel von Ungeheuern wird wahrgenommen, je nach Temperament anders.

3. Zeit:
keine Bestimmung, zeitlos.

4. Handlung:
Keine Fragen stellen!

Inhaltsangabe

Ein Erzähler vergleicht die Lage des Menschen auf dieser Erde mit der Situation von Reisenden, die in einem Tunnel verunglückt sind, wo sie kaum erkennen, woher sie kommen und wohin sie unterwegs sind, da sie nur ein Spiel von Ungeheuern um sich sehen. In solcher Lage, schließt der Erzähler, seien Fragen der Ethik oder Moral unsinnig.

Text 2

Lesenotizen

1. Handlung:
Es gibt zwei völlig verschiedene Handlungen, das Verhalten des Arbeitslosen vor Gericht und seine Deutung durch Herrn K. (1–3 und 3–6).

2. Personen:
Die beiden Personen haben nichts miteinander zu tun.

3. Zeit:
Die Frage nach der Eidesformel weist ins 20. Jahrhundert.

4. Raum:
Die erste Handlung spielt im Gerichtssaal, die zweite irgendwo, genauer: im Text.

Inhaltsangabe

Ein Arbeitsloser wird in einer Gerichtsverhandlung gefragt, ob er die weltliche oder die kirchliche Eidesformel benutzen wolle. Zerstreut antwortet er, er sei arbeitslos. Herr K. interpretiert die Antwort als sinnvoll, da sie zeige, daß solche Probleme im Vergleich mit der Lage eines Arbeitslosen ohne Bedeutung seien.

Inhaltlicher Vergleich

Der gemeinsame Gedanke der beiden Texte, daß unter bestimmten Bedingungen bestimmte Fragen sinnlos seien, steht jeweils in völlig unterschiedlichem Zusammenhang.

In dem Gleichnis von *Text 1* geht es von vornherein um etwas ganz Allgemeines, die Lage des Menschen in der Welt. So wie diese Lage im Gleichnis beschrieben wird, macht sie die Fragen, welche die Philosophie über das Handeln des Menschen in dieser Welt stellt, irrelevant.

In Brechts Keuner-Geschichte wird dagegen über ein konkretes, reales, singuläres Vorkommnis reflektiert, wie es alltäglich passieren kann, daß nämlich jemand eine Frage nicht beantwortet. Herr K. erklärt dieses Vorkommnis hier mit dem Hinweis, daß die Frage im Verhältnis zur Soziallage eines Arbeitslosen irrelevant gewesen sei. Auf diese Tatsache habe der Mann vor Gericht aufmerksam machen wollen. Die allgemeine Bedeutung, die bei Kafka von vornherein deutlich war, wird hier erst durch die Interpretation der Antwort des Arbeitslosen durch Herrn K. hergestellt.

Die Gestaltung der vier inhaltlichen Elemente

Aufgabe 4

Michael Kohlhaas begibt sich „spornstreichs" (1) auf den Weg in die Residenzstadt, um Beschwerde dagegen zu führen, daß man seinen Knecht „auf der Burg" (2/3) schlecht behandelt habe („Beleidigungen": 8). Doch fällt er „bei dem Gedanken" (2), es könne doch etwas an den Vorwürfen, die dort gegen ihn erhoben werden, daran sein, in Schritt, d. h. er beginnt langsamer zu reiten (3). Schließlich kehrt er sogar um (4) und reitet nach Kohlhaasenbrück zurück, um seinen Knecht zuerst selbst zu befragen (4–6). Seine äußeren Handlungen entsprechen also der Bewegung seiner Gedanken:

„Gedanken an den Knecht und an die Klage, die man auf der Burg gegen ihn führte"

„als er . . . schrittweise zu reiten anfing"

„zur vorgängigen Vernehmung des Knechts, wie es ihm klug und gerecht schien"

„sein Pferd, ehe er noch tausend Schritt gemacht hatte, wieder wandte und . . . nach Kohlhaasenbrück einbog"

In der zweiten Hälfte des Textes (6–19) wird auf die weitere Handlung verwiesen. Denn dem „Gefühl", das ihn zur Umkehr veranlaßt hat, widerstreitet im Innern des Kohlhaas „ein ebenso vortreffliches Gefühl" (11/2), das ihn an die „Pflicht" gemahnt, das erlittene Unrecht nicht auf sich beruhen zu lassen (16–19). So ergibt sich folgende Parallelität zwischen äußerer Handlung und inneren Vorgängen:

Äußere Vorgänge:	1. Kohlhaas reitet auf dem Weg nach Dresden langsamer.	2. Er kehrt um nach Kohlhaasenbrück.	3. Unterwegs erfährt er von weiteren Untaten des Junkers.
Innere Vorgänge:	1. Er denkt an die Vorwürfe gegen seinen Knecht	2. Er denkt an Nachgeben, will die Vorwürfe nachprüfen.	3. Er fühlt die Verpflichtung, die Sache nicht auf sich beruhen zulassen

Aufgabe 5

Handlungen

Effi Briest macht Turnübungen (2) und sitzt gern auf der Schaukel (4/5). Die Mutter unterstellt ihr im Scherz, daß sie „Kunstreiterin werden" (3–6), d. h. einen Beruf ergreifen möchte, der für eine Baronesse nicht in Frage kommt. Darauf erwidert die Tochter, ihr Temperament von der Mutter, nicht vom Vater zu haben (7–9), erklärt ihr Verhalten durch die jugendliche Kleidung, die sie tragen müsse (9–10) und malt sich aus, daß sie sich in solcher Kleidung „wie ein Backfisch" (12) benehmen dürfe. Schließlich fordert sie die Mutter mit der Frage heraus, warum sie aus ihr keine „Dame" mache (15–17). Die Gegenfrage der Mutter, ob das ihren Wünschen entsprechen würde (18), beantwortet Effi mit Nein. Die anschließende Umarmung zeigt, daß sie dafür dankbar ist, daß man sie noch von ihren Standespflichten freistellt (19/20).

Erzählerische Vermittlung

Der Erzähler berichtet nur von den Turnübungen (1/2) und von der Umarmung (19/20). Alles andere kommt im Dialog zwischen Mutter und Tochter, d. h. in der Figurenrede, zur Sprache. Sie charakterisieren sich und ihre Beziehung zueinander selber.

Charakterisierung von Effi Briest

Bewegungsdrang, Freiheitsstreben und Jugendlichkeit Effis kommen im Dialog zum Ausdruck, Charakterzüge, welche in der späteren Ehe zu Problemen führen müssen, wenn der Gatte nicht auf sie eingeht, sondern nur gehorsame Anpassung fordert.

Art der Charakterisierung

Diese Charakterzüge werden indirekt dem Leser vermittelt, denn sie werden nicht benannt. Vielmehr ist von Verhalten, von Kleidung, von Wünschen die Rede, in denen sie zum Ausdruck kommen.

Aufgabe 6

Es liegt eine Mischung von direkter und indirekter Charakterisierung vor. Viele Eigenschaften der polnischen Dame werden direkt angesprochen, ihre kühle und gemessene Haltung (5/6), ihre Vornehmheit (9). Sie ist groß (4) und in Frisur und Kleidung von geschmackvoller Einfachheit (7 ff.). Die ausführliche

Erwähnung des Schmucks, den sie trägt (10–13), dient dazu, ihrer Erscheinung „etwas phantastisch Luxuriöses" (10) zu verleihen. Während also in <u>direkter</u> Charakterisierung ihre „Erscheinung" (11) beschrieben wird, erfolgt ein <u>indirekter</u> Hinweis auf ihr Wesen dadurch, daß von der Wirkung dieser Erscheinung auf ihre Umgebung die Rede ist. Die Gouvernante verhält sich – zusammen mit den Kindern – respektvoll wie einer Königin gegenüber (1–3).

Aufgabe 7

In Goethes Briefroman herrscht die Perspektive des Ich-Erzählers vor, der hier Lotte zum erstenmal sieht und sie daher nur von außen, also <u>indirekt</u> charakterisieren kann, indem er ihre Erscheinung und ihr Handeln schildert. Lottes „Freundlichkeit" (11), ihre Fürsorglichkeit und ihr Familiensinn kommen dadurch zum Ausdruck, daß sie Werther und die „Frauenzimmer" (18), welche sie zum Ball abholen wollen, warten läßt, um sich erst ihren kleineren Geschwistern zu widmen. Ihr Verhalten illustriert die Ordnung des Familienlebens, die auch im erzählten <u>Raum</u>, dem „wohlgebauten Hause" (3), zum Ausdruck kommt, der hier also die Funktion des Lebensraums hat.

Aufgabe 8

Text 1

Hier liegt <u>Zeitraffung</u> vor, weil in den beiden Sätzen über eine Zeitspanne von mehreren Wochen berichtet wird.

Text 2

Wenn der Erzähler hinter seine Figuren zurücktritt und sie allein reden läßt, nimmt das laute Lesen der direkt wiedergegebenen Unterhaltung ungefähr genauso viel Zeit in Anspruch wie die Unterhaltung der Figuren selbst. Es liegt also <u>Zeitdeckung</u> vor.

Text 3

Während der Leser diesen Textausschnitt liest, passiert in der erzählten Welt nicht viel mehr, als daß die Morgensonne auf verschiedene Gegenstände in einem Zimmer fällt. Das Lesen dauert länger als der erzählte Vorgang: <u>Zeitdehnung</u>.

Zusatzfrage

Eine zeitliche Ausdehnung des Vorgangs wird durch eine Reihe von Wörtern aus dem Bedeutungsbereich ‚Zeit' signalisiert: „Der erste . . ." (1), „jetzt" (1), „fingen an . . ." (5).
Die einzelnen visuellen Eindrücke („blitzte": 1, „legte einen . . . Schein": 2, „zeichnete": 3, „funkelten": 4, „fingen an zu flinkern": 5, „glitzerten": 8) und auch die akustischen Impressionen („lärmten": 9, „unterhielten sich ganz laut": 9/10) sind jedoch nicht als ein Nacheinander angeordnet, sondern sind als gleichzeitig vorzustellen.

Aufgabe 9

Handlungen

Der Text zerfällt in zwei Teile. Im ersten Teil (1–46) sind äußere Handlungen und innere Vorgänge parallel dargestellt. Eine Frau in einem mehrstöckigen Miethaus schaut aus dem Fenster und sieht im gegenüberliegenden Haus dem Spiel eines alten Mannes zu, der allerlei Bewegungen macht und sich verkleidet. Weil die Wohnung über ihr leer steht und unter ihr eine Werkstatt liegt (15/6), meint sie, daß das Spiel des Alten ihr gelte. Um das nachzuprüfen, macht sie ihrerseits Bewegungen und legt das darauffolgende Spiel des Alten als Antwort aus (16/7, 24/5, 27–29). Doch als der Alte einen Kopfstand macht, hat sie kein „Vergnügen" mehr daran und ruft die Polizei an (32–36). Der alte Mann setzt sein heiteres Spiel (41–45) fort, von dessen „Anblick" die Frau sich erst „losreißen" kann, als der Überfallwagen unten vorfährt.
Nun beginnt der zweite Teil (47–78), in dem das ‚Fenster-Theater' von hinten in den Blick gerät und dadurch der Irrtum der neugierigen Frau aufgeklärt wird. Unter den Blicken der Frau und weiterer Bewohner (49–51) bricht die Polizei die Tür auf (52–63), wodurch sich aber der schwerhörige Alte nicht stören läßt. Nun sieht man den Adressaten und Partner des ‚Fenster-Theaters', einen kleinen Jungen in einem „Gitterbett" (72) in der Wohnung, welche die neugierige Frau für leerstehend gehalten hatte (15). Er macht nach, was er von dem alten Herrn gelernt hat (43–45), und wirft sein Lachen „mit aller Kraft den Wachleuten ins Gesicht" (75–78).

Figuren

Die Figuren sind als Typen konzipiert, „die Frau" (1–7), „der Alte" (8, 14, 17 usw.), „ein kleiner Knabe" (73). Eine Charakterisierung unterbleibt, kann höchstens Andeutungen entnommen werden („hatte den starren Blick neugieriger

Leute": 3). Hinweise gibt auch das Verhalten: Die Frau holt die Polizei, als sie den Kopfstand des Alten mißbilligt (32–36), hat also wenig Humor. Der Alte dagegen hat an Spiel und Verkleidung Spaß und mag kleine Kinder. Am wichtigsten ist hier die Konstellation der Figuren. Es handelt sich um ein Dreieck von Figuren, während die Frau von einer Paarbeziehung ausgeht und deshalb den Kopfstand des Alten mißdeutet. Die Dreierkonstellation, die durch die Kombination der beiden Paarbeziehungen (Frau–Alter, Alter–Kind) entsteht, wird erst am Ende der Geschichte dem Leser als Lösung angeboten: Ein Mißverständnis im sozialen Alltag.

Zeit

Erzählzeit und erzählte Zeit (eine Abendstunde) differieren nur wenig voneinander. Es wird gemäß der natürlichen Abfolge der Ereignisse erzählt. Der Anfang führt sogleich ohne Vorbereitung mitten ins Geschehen hinein. Das Ende bleibt offen, keine der Figuren deutet an, wie das Leben in dieser Großstadtgegend weitergehen könnte.

Raum

Der Raum ist ganz auf die Erfordernisse der Handlung hin entworfen (Handlungsraum): Zwei gegenüberliegende mehrstöckige Mietshäuser, die leerstehende Wohnung als räumliche Ursache des Mißverständnisses, weil sich inzwischen die Voraussetzung, von der die Frau ausgegangen ist, geändert hat. Doch wird durch den erzählten Raum auch die Anonymität des Zusammenlebens in der Großstadt gekennzeichnet (Lebensraum).

Sprache, Stil und Komposition

Aufgabe 10

Das Tun des Bahnwärters (Lichtmachen, Nach-der-Uhr-Schauen, Schließen der Bahnschranke: 7–12) wird ganz in eine Schilderung von Landschaft und Wetter eingebettet. Diese Schilderung enthält eine Fülle von Sinneseindrükken:

Hören

„Donner" (1), „dumpf" (2), „grollend" (2), „dröhnend, schütternd und brausend" (5), „klirrten" (6), „zerriß ihre Töne" (13), „knarrend und quietschend" (14/5).

Sehen

„Dunkelheit" (11), „wurde der Mond sichtbar, wie er ..." (15/6), „In seinem Lichte sah man ..." (17), „Wühlen des Windes in den schwarzen Kronen ..." (17/8), „Blattgehänge ... wehten und flatterten wie gespenstige Roßschweife" (19/20), „Linien der Geleise ... vor Nässe glänzend" (20/1), „das blasse Mondlicht in einzelnen Flecken ..." (21)

Fühlen

„Riesenstöße" (4), „die Erde erbebte" (6), „Sturm" (10).

Aus diesen elementaren Ereignissen muß sich der Bahnwärter die ihn dienstlich betreffenden Signale (10, 12) sozusagen ‚herausfiltern'.
Der Handlungsraum wird als unheimlich und gespenstisch charakterisiert, so daß der Leser die weiteren Ereignisse auf diesen elementaren Rahmen beziehen wird.

Aufgabe 11

Der Text benutzt das Muster des Lebenslaufs, wie man ihn bei der Meldung zu einer Prüfung oder bei einer Bewerbung vorlegen muß, um den Begriff des „guten Bürgers" zu ironisieren. Deshalb werden die entsprechenden Rubriken nicht mit individuellen Daten gefüllt, sondern gleichsam nur ‚abgehakt': Geburt („dann und dann": 1), Kindheit („dort und dort": 1), Schule („ordentlich": 2), Beruf („das und das": 2), Name („soundso": 2) oder im Amtsdeutsch angeführt

(Geschlecht männlich, Staatsangehörigkeit, Sozialschicht: 3–5). Dann stellt sich der Ich-Erzähler mit einer Reihe von Eigenschaften und Handlungen als „guter Bürger" vor:
„säuberlich, still, nett" (5); Biertrinken „in aller Vernunft", „denken, nicht viel", . . . „gut essen" (6–8).

Das Motiv des Nicht-denkens wird in einem dreigliedrigen Ausdruck („fernliegen": 9, „gänzlich fern": 10, „vollständig fern": 10) in Form einer <u>Klimax</u> (Steigerung) ausgeführt. Dabei sind die ersten beiden Glieder in Form eines <u>Chiasmus</u> (Überkreuzstellung) verbunden:
„bin ich ein guter Bürger" (10/1)

„ein guter Bürger denkt nicht viel" (11)

Das zweite und dritte Glied sind im Sinne des <u>Parallelismus</u> (gleiche Folge der Satzglieder) verbunden:
„<u>ein guter Bürger</u> denkt nicht viel" (11)
„<u>ein guter Bürger</u> ißt sein Essen" (11/2)

Ein <u>Chiasmus</u> findet sich auch weiter oben:
„Auf der Hand liegt, daß . . ." (8)

„ebenso liegt auf der Hand, daß . . ." (8/9)

Der dreigliedrige Ausdruck über den „guten Bürger" endet mit der Pointe, welche die Überschrift des Textes wieder aufnimmt: „. . . und damit basta!" (12).

Aufgabe 12

Das nationale Selbstbewußtsein des wilhelminischen Deutschland, das hier zum Ausdruck kommt, ist durch Feindbilder bestimmt. Die Feinde wie auch die eigene Position werden mit abstrakten Klischees charakterisiert. Auf der eigenen Seite heißen die Werte „deutsche Mannhaftigkeit" und „deutscher Idealismus", auf der anderen Seite wird eine innere Gefahr von einer äußeren Gefahr unterschieden:

a) „Schlammflut der Demokratie", „aus dem Lande des Erbfeindes" (d. h. Frankreichs, des Landes der Revolutionen 1789, 1830 und 1848)

b) „die vaterlandslosen Feinde" der „staatliche(n) Ordnung" (d. h. der Monarchie, gemeint sind die Sozialdemokraten)

Die eigene Position wird mit dem Bild einer Verteidigungsstellung beschrieben, gegen deren „Damm" (3) von außen die „Schlammflut der Demokratie" heranwälzt, während im Innern die politischen Gegner diese Position „untergraben wollen" (5/6).

Zweimal wird die Monarchie religiös fundiert:

c) Die Sozialdemokraten versuchen, die „staatliche Ordnung" zu untergraben, weil sie „Feinde der göttlichen Weltordnung" sind, welche die Monarchie will.

d) Der Gerichtstag, den der Christ nach seinem Tod erwartet, findet hier vor Gott und dem alten Kaiser (8/9; gemeint ist Wilhelm I 1797–1888) statt, der also als himmlischer Kollege Gottes vorgestellt wird.

Wichtig ist auch, daß der Gerichtstag, der den Gläubigen erwartet, hier mit einem militärischen Ausdruck als „himmlischer Appell" (7) bezeichnet wird und nicht nach den christlichen Tugenden, sondern nur danach gefragt werden wird, was jemand „aus ganzem Herzen für des Reiches Wohl" getan hat (9/10). Während die <u>Wortwahl</u> also dadurch gekennzeichnet ist, daß die politischen Schlagwörter gehäuft auftreten, welche Militarismus, Untertanentum und Ablehnung der Demokratie bedeuten, wird der <u>Satzbau</u> dazu benutzt, die satirische Absicht auszuführen, d. h. Diederich als Karikatur erscheinen zu lassen. Der Redeabschnitt besteht aus nur zwei Sätzen, deren zweiter doppelt so lang ist wie der erste, wodurch eine Steigerung des Gefühlsausdrucks erreicht wird, die vom Bild der sich heranwälzenden „Schlammflut", der man sich entgegenstellt, über die Metapher vom Untergraben der Ordnung, an deren Ende vom Ausrotten die Rede ist, bis zur Emphase führt, mit welcher der Redner, der anscheinend seine Vision vom „himmlischen Appell" mit der Realität verwechselt, sein ‚Ja!' hinausschreit. Diese Verwechslung kommt sprachlich durch die <u>Wiederholung</u> zum Ausdruck:

e) Vision: „... er an seine Brust schlagen und offen sagen darf: ‚Ja'" (10/1)

f) Realität: „... sich einen solchen Schlag auf die Brust versetzte, daß ihm die Luft ausblieb" (12/3).

Im weiteren Verlauf des Textes meldet sich dann die Realität in Form von Unruhe im Auditorium (14/5) sowie durch das beginnende Gewitter zu Wort.

Aufgabe 13

Text 1

Der Wortschatz stammt aus dem Geschäftsleben (Reklame, herausfinden lassen, Rücksichten nehmen, Umsatz, unternehmerischer Einsatz, kaufen, härteste Arbeit, das Geschäft führen). Der Stil verrät Menschenverachtung und Egoismus („gekauft, genossen und geschluckt": 7, „brauchte darunter [ehelich] nicht zu leiden": 10).
Bezeichnend ist, daß der Sprecher mit seinen ‚Erfolgen' bei Mädchen anfängt, von seinem Beruf erst später spricht. Der erste Satz endet als Anakoluth (s. o. S. 56): „wo und wie und so weiter" (2/3). Es wird vorausgesetzt, daß der Leser sich vorstellen kann, wie so etwas vor sich geht.

Text 2

In aufgelöster Syntax, z. T. in abgehackten Einzelwörtern, gibt der ‚Penner' über sich Auskunft. Dabei weicht er vor der Problematik der eigenen Lage ins Neutrum aus („man ist . . .": 2, „Es machte . . .": 3, „Natürlich will jeder . . .": 4, „Aber es ist auch . . .": 6). Es werden keine Perspektiven sichtbar.

Text 3

In Wortwahl und Syntax (Satzgefüge) versteht der Sprecher von seiner Situation distanziert und selbstbewußt zu reden. Manches klingt überheblich, z. B. der Ausdruck von dem „Gefühl, man sei ein Elitemensch" (9).
Auffällig sind die vielen Klischees, die man immer wieder hört, wenn sich Leute seines Standes und Berufs in der Öffentlichkeit äußern: „an vorderster Front" (2), „Vorgänge in den Griff zu bekommen" (3/4), „neue Resultate müssen sie . . . bestätigen" (6), „unerhörte Zusammenhänge" (7/8), „der Mensch fähig, seine Probleme . . . zu lösen" (13–15). Vor der Angst vor unvorhersehbarem Schicksal tröstet sich der Sprecher mit dem Hinweis auf die Problemlösungskompetenz des Menschen, allerdings grenzt er dabei diejenigen aus, die von der Problemlösung nicht profitieren („vielleicht nicht für alle, aber für die meisten, für sehr viele": 15). Diese drei Wörter ‚alle'/‚die meisten'/‚sehr viele' bilden eine negative Klimax, d. h. eine Figur der zunehmenden Einschränkung.

Aufgabe 14

Von einigen Fragen abgesehen („Ja wer kommt denn da noch?": 8, „Wer telefoniert da . . .": 10/1, Wer hat sich da im Badezimmer . . .": 11/2) gibt es in den ersten zwei Dritteln des Textes (1–18) keine ganzen Sätze. Erst im letzten Textdrittel findet sich grammatisch vollständige Syntax. Ein Sprecher notiert – mit dem emphatischen Demonstrativpronomen „diese(r)" eingeleitet, das als Anapher wiederkehrt – eine Reihe von Eindrücken, die er auf einer „Party" (21) empfangen hat. Wo sprachliche Äußerungen (Fragen: 8, 10–22, 22/3, Vorwürfe, Streit: 19/20, 23–25) notiert werden, bleibt unklar, ob es solche des Sprechers selbst oder Äußerungen anderer Partygäste sind. Alle Äußerungen und Handlungen sind als Bewußtseinsinhalte wiedergegeben, die sozusagen nur den Rohstoff zu einer Erzählung vom Verlauf der Party bilden, noch ungeordnet sind. Ähnlich unbestimmt wie die einzelnen Vorgänge bleiben auch die Personen. Doch ist von Beziehungen zwischen ihnen die Rede. Es gibt „Eifersucht" (7) und ein Gespräch zwischen Eifersüchtigen (23–25). Auch die Rede vom „Ausbruchsversuch" (14) deutet auf gestörte Liebesbeziehungen. Einzelheiten über das Verhalten der Gäste (1–6, 8–10) zeigen das Bedürfnis der Selbstdarstellung, zugleich den Umstand, daß die Gäste einander gleichgültig sind (13, 14/5), „Opfer einer Selbsttäuschung" (15/6), wenn sie auf einer Party etwas anderes suchen. Ein zeitlicher Verlauf, wie er für eine Geschichte zu erwarten wäre, wird durch Hinweise wie „Hallo-wie-geht's-denn-Begrüßung" (2), „Morgengrauen" (21) und „Frühstück" (22) angedeutet. Es geht also die Nacht durch. Daß die Party in einer Wohnung stattfindet, ist aus Einzelheiten zu erschließen („Badezimmer": 11, Telefon: 11, Bett: 24).

Die vier Elemente, die zu einer Geschichte erforderlich sind (Handlungen, Personen, Zeitdauer, Räumlichkeiten) sind – wenn auch ein wenig ungeordnet – vorhanden. Auch ein Konzept ist da, das man mit „Selbsttäuschung" (15/6) überschreiben könnte: Die Leute sind sich gleichgültig, und doch warten sie darauf, „daß irgendwas Entscheidendes noch passiert" (16/7). Doch gibt sich keiner die „Blöße" (17), dem anderen diese Wartehaltung zu zeigen.

Aufgabe 15

Der Raum der Geschichte ist durch den Kontrast zwischen Fabrik (2, 3, 19, 29, 31, 33, 39) und Gärtchen (6, 18, 19, 24, 25) bestimmt, zwischen denen die Hauptfigur, ein alternder Arbeiter der Fabrik, eine Bretterwand (1, 18, 20, 26, 28, 32, 36) als Sichtblende errichtet hat („aus seinem häuslichen Blickkreis": 2). Von diesen drei Elementen wird nur bei der Fabrik das Bedeutungsfeld in allen Einzelheiten ausgeführt. Im ersten Teil der Geschichte (1–15) ist dieses Bedeutungsfeld vom Helden negativ besetzt (Wiederholung von „er haßte": 2, 3, 4, 5, 7, 8, 10, 11, 13). Es enthält hier die Wörter „Maschine" (3), „Akkord" (5, 11, 12), „Arbeit" (10, 16), „Meister" (11), „Zahltag" (14, 15). Im zweiten Teil, der mit der Erkrankung des Arbeiters („nach vierzig Jahren Arbeit und Haß": 16) einsetzt, gibt es eine gegenläufige Bewegung. Die Fabrik wird positiv besetzt, die Bretterwand abgebaut („Zärtlich ruhte der Blick ...": 32, „verfolgte das Spiel des

Rauches": 33, „unsere Büros ...": 36/7, „entspannte ein Lächeln ...": 39). In diesem Zusammenhang werden die pronominalen Verweisungen („auf seiner Fabrik": 33, „unsere Büros": 36/7) ebenfalls positiv aufgeladen.

Als Gliederungssignale fungiert das Adverb „dann" (15), womit die Krankheit einsetzt, und die Einführung der Figur des „Nachbarn" (28, 31, 37), mit dessen Hilfe die Bretterwand beseitigt wird. Dies geschieht in drei Stufen, womit der Spannungsaufbau bewirkt wird. Zuerst werden „zwei Bretter" (28) herausgenommen, „nach einer Woche" (29/30) dann die „Hälfte" (32), „nach vierzehn Tagen" (35) schließlich wurde die ganze Wand niedergelegt. Nun war der Arbeiter glücklich und starb „nach einigen Tagen" (40).

Diese Bretterwand ist das eigentliche Leitsymbol der Geschichte. Sie verdeutlicht die strikte Trennung von Arbeitsleben und Privatleben, die notwendig war, solange die „Hetze nach Akkordprämien" (5) das Arbeitsleben bestimmte. Erst als ihn die Krankheit ans Bett fesselte (17), gewann der Arbeiter die Erkenntnis, daß auch die Fabrik Teil seines Lebens war. Er lernte sie nun mit den Augen des Invaliden sehen, der seinen früheren Wirkungskreis verloren hat.

Aufgabe 16

Die Geschichte spielt im Sommer an einem Meeresstrand. In den ersten 26 Zeilen wird die Haupthandlung exponiert. Das geschieht im Wechsel von Erzählerbericht (2/3, 6–9, 13–26), Figurenrede (1/2, 3–5, 10–12) und innerem Monolog (13/4). Ein junger Mann, der als unreif und selbstzufrieden charakterisiert wird, wirbt um eine Frau, die auch mit Namen vorgestellt wird („Fräulein Mack": 36). Diese reagiert abwehrend, weil sie ihn durchschaut und sich, als er immer weiter redet (28–41), durchaus vorstellen kann, daß seine Art der Selbstdarstellung einmal zum „Scheidungsgrund" werden könnte (29/30).

Die Nebenhandlung, die erst allmählich aufgebaut wird (26/7, dann 42–47), hat eine Liebesszene zum Inhalt. In den Erzählerbericht ist, obwohl die Figuren anonym bleiben („ein Mann ... ein Mädchen": 26/7, dann „der Mann ... sein Mädchen": 42/3), ein kleiner innerer Monolog eingeschaltet, in dem der Mann ans Heiraten denkt (46/7). Hier ist nun die Nebenhandlung durch eine Wortwiederholung mit der Haupthandlung thematisch verknüpft. Der Erzähler nimmt in seinem kurzen Kommentar zu dem Heiratsgedanken des verliebten Mannes den Begriff der „grundlegenden Umstellung" (47) auf, den der wortreiche Werber der Haupthandlung gebraucht hatte (38/9). An dieser Wortwiederholung läßt sich die Beziehung von Haupt- und Nebenhandlung ablesen: Der werbende Privatschulbesitzer (23) sieht die „grundlegende Umstellung" einer Eheschließung im Zusammenhang mit der beantragten „staatlichen Anerkennung" (40) seiner Schule, bei der er der Behörde als Hausherrin eine „solide"

Gattin vorstellen möchte. Die „grundlegende Umstellung" (47) für den verliebten jungen Mann am Strand wäre dagegen Folge einer ‚Verzauberung‘, d. h. seiner Liebe zu dem Mädchen, und würde sein Leben als ‚Single‘ beenden.

Die <u>Nebenhandlung</u> hat eine <u>Kontrastfunktion</u>: sie stellt der Haupthandlung, in der Heirat als Bestandteil einer bürgerlichen Karriere erscheint, eine Eheauffassung gegenüber, in der aus Liebe geheiratet wird.

Erzählperspektive und Darstellungsformen

Aufgabe 17

Text 1

Die Stelle enthält zunächst einen Erzählerbericht über Tonio Krögers zwiespältige Lebensweise (1–6). Dann wird (durch die Formel: „dachte er zuweilen": 6) zum inneren Monolog übergeleitet, der an der ersten Person („ich": 6, 7) und dem Präsens („bin": 7) zu erkennen ist.

Text 2

Der ganze Passus zeigt erlebte Rede, erkennbar am Präteritum und der dritten Person („erschien": 1, „Waren... emporgestiegen?": 1–3, „Sollte er... hinaufgehen...?": 4/5), durchsetzt von Erzählerbericht („Die Schornsteine und Masten ...": 3, „Sein Kopf war schwer ...": 6). Die beiden Formen sind so eng miteinander verbunden, daß man kaum entscheiden kann, welcher von beiden man die Worte: „Er war so schläfrig jetzt" (6) zuordnen soll.

Aufgabe 18

Hier sind alle möglichen Darstellungsformen so zusammen montiert, daß man die zahlreichen Übergänge von einer zur anderen nur schwer markieren kann. In 1–3 ist Erzählerbericht von einem Stück inneren Monologs („Achtung, Achtung ...") unterbrochen. Dann werden einzelne Rufe (Zeitschriftenverkäufer, Schaffner) notiert, sozusagen Fetzen von Figurenrede (3–5). Das Präsens weist den Satz „Die Schupos haben jetzt..." dem inneren Monolog zu. Im nächsten Satz hat wieder der Erzähler das Wort („Er stieg unbeachtet ...": 6/7). Es folgt wieder innerer Monolog (7–16), wechselnd mit erlebter Rede („Was war denn?" 7, „Wie sich das bewegte": 9, „Was war das alles": 10/11). Endlich kommt wieder ein Satz Erzählerbericht („Man riß das Pflaster ...": 16–18), danach wieder innerer Monolog („Man mischt sich ...": 18/19).
Die Montage der verschiedenen Elemente gibt wieder, was sich im Bewußtsein von Franz Biberkopf abspielt. Bei weiterer Auflösung der Syntax könnte man von Bewußtseinsstrom sprechen.

Aufgabe 19

Ein <u>auktorialer</u> Erzähler <u>berichtet</u> vom Schicksal einer Villa am Ufer eines mär-
kischen Sees. Sie wurde zunächst von einem Filmstar bewohnt, der sie aufgab,
als der Krieg sich näherte. In den Kämpfen brannte sie völlig nieder. Die so ent-
standene Lichtung wurde bepflanzt. So weit wird im Präteritum erzählt. Dabei
zitiert der Erzähler eine Kampfparole von 1945 („Jedes Haus eine Festung": 5)
und knüpft daran seinen <u>Kommentar</u>: „Sie war keine Festung." (6) Der <u>Bericht</u>
geht in eine <u>Beschreibung</u> der Pflanzenwelt über (<u>Gliederungssignale</u>:
1. Adverb „Noch immer": 8, 2. Tempuswechsel ins Präsens, 3. Neuer Wortschatz: Botanische Sondersprache). Die Überschrift ist aus dem von 8–11 vor-
herrschenden Vokabular der Blumenarten genommen, um das Überdauern
der Natur gegenüber den Zerstörungen, die der Mensch anrichtet, zu betonen.
Für diese Intention spricht auch die Pointe vom Duft, der über den See zieht
(11). In dem erwähnten Kahn darf man den <u>Standort</u> des Erzählers vermuten.

Aufgabe 20

In dieser Geschichte ist die <u>neutrale Erzählperspektive</u> gegeben. Der Erzähler
notiert unbeteiligt die Vorgänge und die Äußerungen der Figuren (Zuruf der
Frau: 1/2, Antwort des Mannes: 3/4, Auskunft der Mutter: 5, Warteposition der
Kinder: 5–7, Gang des Vaters ins Kinderzimmer: 8/9). Er enthält sich jeder
Erläuterung oder Bewertung der Figuren und ihrer Handlungen.
Die Kommunikation zwischen Vater und Kindern läuft über die Mutter. Die
Überschrift deutet an, daß es sich um eine alltägliche Begebenheit handelt,
deren Erzählung nicht viel Zeit beansprucht, die aber doch des Nachdenkens
wert ist.

Aufgabe 21

Den ersten Satz spricht offensichtlich ein <u>auktorialer</u> Erzähler, der über dem
erzählten Geschehen steht. Er faßt es nämlich mit dem Begriff der Verhaftung
zusammen, weiß um die Unschuld von Josef K. und vermutet Verleumdung als
Anlaß. Dann wird die Perspektive gewechselt, das Geschehen aus <u>personaler</u>
Sicht erzählt, wie Josef K. es erlebt. Er spürt, daß sich seine Situation völlig verändert hat, dadurch, daß sich die ihm vertrauten Mitmenschen anders als
gewöhnlich verhalten. Das Frühstück bleibt aus (2–4). Die alte Frau von gegenüber, die sonst nie neugierig ist, muß etwas ganz Außergewöhnliches
bemerkt haben, was Josef K. noch gar nicht weiß und auch der Leser nicht

erfährt (6–8). Als er läutet, kommt statt der Köchin ein fremder Mann, den er hier noch nie gesehen hat (9/10).
Daß sich seine Lebenslage von einem zum nächsten Augenblick völlig verändert hat, ohne daß er sich diese Veränderung erklären kann, verbindet Josef K. mit Gregor Samsa. Gregor hat sich zum Insekt, Josef K. zum Häftling, gewandelt'.

Aufgabe 22

Ein auktorialer Erzähler, der landeskundig ist („. . . es war längst herkömmlich": 4) und über humanistische Bildung verfügt („. . . die Alten sagten": 7), beschreibt im Überblick die Landschaft und kommentiert seine Beschreibung zweimal, einmal durch eine Begründung („denn": 4), zweitens aber durch einen Vergleich („wie": 6). An der ersten Stelle erklärt er sein Wort „unzählige", indem er darauf verweist, daß sich die Leute seit je darüber streiten, wie viele Orte man von diesem Aussichtspunkt sehen könne. An der anderen Stelle charakterisiert er die „heitere Stille" (6), welche über der Landschaft liegt, indem er darauf verweist, daß man im Altertum die Mittagsstille als ‚Siesta' des Hirtengottes Pan verstanden habe, dem mythischen Ausdruck für das Atemanhalten der Natur, die man nicht stören dürfe (6–8).
Der Übergang von der Beschreibung zum Kommentar wird durch die Adverbien markiert, die einmal Begründung („denn"), dann wieder Vergleich („wie") signalisieren.

Aufgabe 23

Der Monolog, bei dem manchmal offen bleibt, inwieweit er ‚innerer Monolog' oder halblautes Vor-sich-hin-Sprechen ist (1–7), muß hier leisten, was sonst Sache des Erzählerberichts ist, nämlich den Raum des Geschehens zu zeichnen und andere Figuren einzuführen („Kellner": 4). Die neue Figur macht nun einen Dialog nötig, der mit der Bestellung endet und das weitere Verbleiben der Hauptfigur in dem Café motiviert. Dann (16–18) geht es wieder im inneren Monolog weiter.

Aufgabe 24

Der Erzählerbericht wird von kommentierenden und wertenden Bemerkungen eines auktorialen Erzählers begleitet (Bewertung des Anlasses: „einiger politischer Blödigkeiten wegen": 3, Innensicht: „den Vater ergriff panische Furcht

..., hielt sich ... vor Augen": 6–8, Kenntnis des Charakters der Person: „ich weiß nicht, ob er ..., ich halte das nicht für nötig": 4/5). Auffällig ist, daß der Erzähler an einer kommentierenden Stelle die erste Person gebraucht („ich": 4), daß er am Schluß seine Meinung über den erzählten Fall in Form einer Verallgemeinerung kundtut (11/12).

Alle diese kommentierenden und bewertenden Bemerkungen des Erzählers fehlen in der Nachrichtenfassung, die nach Art eines neutralen Erzählers formuliert ist. Das Detail, das bei Volker Braun fehlt, ist der Name des Funktionärs „Herbert G." (4). Denn die Nachricht ist eine Form des Wirklichkeitsberichts, während in der Erzählung eine poetische Erfindung (= Fiktion) daraus wird, deren Bezug zur Realität nicht mehr wichtig ist, die vielmehr um einer Wahrheit willen erzählt wird.

Verfassen eines Interpretationsaufsatzes

Aufgabe 25

Der Text hat jenen Augenblick zum Inhalt, da der Heimkehrer den alten Hof seines Vaters betritt (1/2), auf dem altes Gerümpel herumsteht (2–6) und feststellt: „Ich bin angekommen" (6). Diese Feststellung wird im weiteren Verlauf des Textes durch viele Fragen problematisiert, welche aus der Unsicherheit (9) des Heimkehrers herrühren. Er fragt, wer ihn wohl empfangen werde (6), wer auf ihn warte (6/7), was er für eine Rolle hier spielen könne (12–14), obwohl er doch Hoferbe sei (13/4). Infolge dieser Unsicherheit wagt er nicht anzuklopfen (14), horcht nur von fern (15–17). So bekommt er nicht mit, was da eigentlich vor sich geht (19/20); das Uhrenschlagen, das er zu hören vermeint, kann ja bloße Erinnerung sein (17–19). Eine sentenzhafte Formulierung leitet den verallgemeinernden Schluß ein: „Je länger man vor der Tür zögert, desto fremder wird man" (20/1). Zum Schluß wendet der Heimkehrer das Wort auf sich selber an und stellt sich vor, daß er, wenn man ihn ansprechen würde, genauso reagieren könnte wie die Bewohner des Hofes, nämlich auf Distanz zu gehen, um sein „Geheimnis" zu „wahren" (22/3 → 19/20). So schließt die Geschichte damit, daß kein Kontakt zustande kommt, die Heimkehr nicht verwirklicht wird.

Zu diesem Nichtankommen und Für-sich-allein-Bleiben paßt die streng <u>personale Erzählperspektive</u>, in die der Heimkehrer gleichsam eingeschlossen bleibt. Denn auf dem Hof ist alles und jeder „mit seinen eigenen Angelegenheiten beschäftigt" (10/1), will jeder sein „Geheimnis" vor ihm „wahren" (19/20). Zu dem Eingeschlossensein in die personale Sicht paßt wiederum die <u>Darstellungsform</u>. Sie besteht im inneren Monolog, der an einer Stelle zum Dialog mit sich selbst wird („Ist dir heimlich, fühlst du dich zu Hause?": 8/9). Die vielen Fragen, aus denen die Sprachform des Textes besteht (6/7, 12/3, 21–23), bleiben unbeantwortet.

So eine Geschichte erzählt offensichtlich jemand, der die Hoffnung aufgegeben hat, in irgendeine förderliche Beziehung zu jemandem treten zu können, von seinen Mitmenschen akzeptiert zu werden.

Aufgabe 26

Die beiden Texte haben nicht viel mehr gemeinsam als das Motiv der Heimkehr eines Sohnes auf den väterlichen Bauernhof. Im Unterschied zu Kafkas Parabel, welche die Einsamkeit des Menschen veranschaulicht und sich deshalb auf den Augenblick konzentriert, in dem der Heimkehrer nicht anzuklopfen wagt, wird im Evangelium eine ganze Lebensgeschichte erzählt, eigentlich sogar zwei Geschichten, die mißlungene des verlorenen und die ordentliche des daheimgebliebenen älteren Sohnes (Vers 11–24 und Vers 25–32). Von Kafkas Heimkehrer erfährt man weder, was ihn in die Fremde getrieben hat, noch, wie lange er weg war, was er unterwegs erlebt hat und welche Gründe ihn zur Heimkehr bewogen haben. Kafka läßt alles weg, was im Evangelium unentbehrlich ist. Denn dort wird das Gleichnis zu Menschen gesprochen, welche dem älteren Bruder gleichen und denjenigen verurteilen, der mit seinem Verhalten gegen die geltenden Normen verstoßen hat. Ihnen wird im Gleichnis klargemacht, daß Gott den Sünder nicht verurteilt, sondern wie der Vater sich über die Heimkehr des verlorenen Sohnes freut. Deshalb hat das Gleichnis zwei Teile, die mit dem gleichen Satz enden:

Denn dieser mein Sohn war tot und ist wieder lebendig geworden, er war verloren und ist wiedergefunden worden. Und sie fingen an, fröhlich zu sein (24).

Du solltest aber fröhlich sein und dich freuen. Denn dieser dein Bruder war tot und ist lebendig geworden, und war verloren und ist wiedergefunden worden (32).

Das Gleichnis vom verlorenen Sohn ist also nicht bloß Verkündigung der Frohbotschaft an die Armen, sondern ihre Rechtfertigung gegenüber ihren pharisäischen Kritikern.

Während der Vater im Gleichnis wohlhabend ist und alle Not ein Ende hat, als er den Heimkehrer freudig empfängt, ist der väterliche Hof bei Kafka verfallen („Altes, unbrauchbares Gerät": 3), macht einen trostlosen Eindruck. Doch würde das dem Heimkehrer nichts ausmachen, wenn man ihm nur öffnen würde. Aber die Gründe für die Unmöglichkeit der Kontaktaufnahme liegen nicht nur in der Verschlossenheit des Gehöfts und seiner Bewohner, sondern genauso in der Gehemmtheit des Heimkehrers. Statt eine Frohbotschaft zu verkünden, wie es die Bibel tut, beschreibt Kafka eine Existenzsituation.

Aufgabe 27

Die Zuordnung zu den Gattungen ist nicht schwer. Sie erfolgt aufgrund von Vorkenntnissen. In Text 2 kommt der Name „Buddenbrook" vor (3); „Buddenbrooks" heißt Thomas Manns erster Roman (1901). Die Überschrift von Text 3 ist als Hinweis auf den Inhalt einer Novelle von Gottfried Keller bekannt, der Name „Seldwyla" (3) erinnert an die Sammlung, in der sie erschienen ist: „Die Leute von Seldwyla". So muß natürlich Text 1 zur Gattung ‚Kurzgeschichte' gehören.

Gemeinsam ist den drei Texten die Funktion, in eine Erzählwelt so einzuführen, daß der Leser ohne Mühe hineinzufinden vermag. Unterschiedlich ist jeweils der Umfang dieser Erzählwelt, aus dem sich ergibt, was der Anfang der Erzählung zu leisten hat.

Thomas Mann muß in eine Familiengeschichte einführen, die länger als ein halbes Jahrhundert dauert. Er tut das in einer szenischen Darstellung, in welcher er eine ganze Reihe von Informationen über die erzählte Welt gibt. Drei Generationen sind versammelt. Eine Hauptfigur, Antonie Buddenbrook, ist gerade erst acht Jahre alt (10). Der Katechismus, mit dessen Aufsagen sie sich abmüht, ist „soeben" (d. h. 1835) vom Lübecker Senat herausgegeben worden (19). So erfährt der Leser Zeit und Ort. Wo der Erzähler schildert, welches Gefühl Tony beim Herunterschnurren des Glaubensartikels hat (21–25), wird ihm neben dem Namen einer Lübecker Örtlichkeit auch mitgeteilt, daß Tony Brüder hat (23). Die Mischung von Plattdeutsch und Französisch in der Äußerung des Konsuls (2) sowie die Beschreibung der Empire-Möbel (4/5) geben ein Bild der damaligen Kultur. So wird die erzählte Welt entfaltet, ehe die eigentliche Handlung beginnt.

Zu Beginn der Novelle von Gottfried Keller wird sogleich die Hauptfigur, der arme, hungrige Schneider, eingeführt, dem das Betteln schwer fällt. Auffällig lange verweilt der Erzähler bei einem weiteren Umstand, der dem Helden das Betteln erschwert, nämlich dem „weiten dunkelgrauen Radmantel" (15/6), den er trug, „ohne daß er etwas Schlimmes oder Betrügerisches dabei im Schilde führte" (20/1). Daß dieser Mantel in der Geschichte eine Schlüsselrolle spielen wird, ist klar. Da die Leute in solcher Kleidung keinen Armen vermuten und er selbst zu schüchtern ist, um zu betteln, wird er zum „Märtyrer seines Mantels" (33), womit auf die Wende seines Schicksals vorausgedeutet wird.

Bei Angelika Mechtel werden überhaupt keine zeitlichen und räumlichen Umstände genannt, die Figuren nicht eingeführt, die Pronomina „ich" und „er" müssen genügen. Ihre Charakterisierung erfolgt im Verlauf der Handlung anhand von Verhalten („legt mir die Hand auf die Schulter": 10/1), Sprechen („Gnädige Frau": 3) und Bemerkungen der Ich-Erzählerin („dickbäuchig": 7). Die Handlung beginnt unmittelbar („Ich gehe hin": 1).

Verallgemeinert man diese Befunde, so könnte man als Gattungsmerkmal des Romans die Entfaltung der erzählten Welt in eine Vielzahl von Personen, in eine detailliert beschriebene Umwelt und in einen komplexen Handlungszusammenhang anführen. Die Novelle konzentriert sich auf eine Hauptperson und führt schon zu Anfang eine Art von Dingsymbol ein, an dem sich die Handlung entzünden wird. Die Kurzgeschichte erspart sich jede Einführung, setzt vielmehr sogleich mit der Handlung ein und holt Figurencharakterisierung,

Schilderung von Zeit- und Ortsumständen und notwendige Erläuterungen für den Leser beim Weitererzählen nach.

Aufgabe 28

Ein männlicher Ich-Erzähler – 35 Jahre alt (40) – schildert sein Leben als Stadtstreicher im Frankfurter Hauptbahnhof in der schmalen Zone zwischen Normalbürgertum und Kriminalität, deren Bewohner, seine ‚Kumpels‘ (86), er als ‚miese Typen‘ bezeichnet (90). Mit 19 Jahren war er SMG-Schütze in einem Fallschirmjägerregiment (69/70) und erhielt das Eiserne Kreuz 1. Klasse (26, 70). Bei den Kämpfen um Montecassino 1944 wurde seine Einheit aufgerieben, und er geriet in Gefangenschaft (93 ff.). Dreizehn Jahre danach begannen seine Hände zu zittern, drei Jahre vor der Erzählgegenwart (116). Ein Arzt gab den Rat, mit dem Rauchen aufzuhören. Doch das Zittern war unabhängig von den Rauchgewohnheiten (42 ff.).

Das alles wird nicht in chronologischer Folge erzählt, sondern an entsprechender Stelle in die Situationsschilderung eingefügt, die folgende Gliederung aufweist:

1. Der Ich-Erzähler beschreibt sein Leben im Bahnhof, wie er sich durchschlägt, ohne kriminell zu werden (1–27).
2. Der Höhepunkt des Tages, wenn er in die „Dämmerung des Glasgebirgs“ (32) eintaucht, Bericht vom Arztbesuch (28–46).
3. Aufenthalt im Bahnhof: Spiel mit dem Gedanken, abzureisen, Erwähnung der ‚Kumpels‘ (47–54).
4. Wenn er in der Zeitung von Kriegen liest, verwandelt sein Zittern den Krieg in eine Bewegung (der Zeitung), die dann in das Rütteln übergeht, das ihm als MG-Schütze vertraut war (55–70).
5. Die ‚Kumpels‘ auf dem Bahnhof und ihre Gesprächsthemen. Es sind auch Kriminelle darunter, nur ‚Heinis‘ schicken sie weg (71–85).
6. Rückwendung: Die alten ‚Kumpels‘ hat er bei Montecassino verloren, deshalb ist er nun auf die neuen ‚Kumpels‘ angewiesen, ‚miese Typen‘ wie er selber (86–103).
7. Szene aus dem Gefangenenlager: Klar, warum er die alten ‚Kumpels‘ verloren hat, unklar jedoch, warum das Zittern 13 Jahre später angefangen hat (104–117).
8. Ausklang, als es dunkel geworden ist: „Nirgends ist es so schön wie hier“ (118–126).

Anstelle einer chronologischen Abfolge von Geschehnissen beobachten wir, daß die Komposition durch die Verschränkung zweier Leitmotive bestimmt wird, eines räumlichen und eines zeitlichen:

1. Der Ich-Erzähler lebt im Dunkeln, findet Helligkeit „ekelhaft" (29), „widerwärtig" (52). Am Anfang ist das „Schattengebirg" des Bahnhofs „blaugrau", zum Schluß „schwarzblau" (124). Zu Anfang sagt er, es gebe „einen einzigen Augenblick jeden Tag" (28), an dem er sich gut fühlt, wenn er in die „Dämmerung des Glasgebirgs" eintaucht, zum Schluß schwärmt er, daß es nirgends so schön sei wie hier (125). Nach draußen geht er erst, wenn es dunkel ist (48/9, 76/7, 118/9). Dort aber legt er sich schlafen (15/6). Er führt eine Rückzugsexistenz.

2. Der Ich-Erzähler sieht seiner zitternden Hand zu (6 ff.), die ihn mit seiner Vergangenheit verbindet. Denn beim Zeitungslesen wird ihm die zitternde Hand zum zitternden Bild des Krieges, das wiederum in das Rütteln des MGs übergeht, das er als 19jähriger bedient hat (55–70). Dieses Zittern wird ausdrücklich als unabhängig vom Nikotinmißbrauch hingestellt (36–46) und als das einzig Wichtige in seinem Leben bezeichnet (10/1). Es ist das Symbol einer durch den Kriegsdienst beschädigten Existenz.

Um das <u>Lebensproblem</u> des Ich-Erzählers zu erfassen, muß man die Stelle näher betrachten, an der er erzählt, wie er seine „alten Kumpels" verloren hat (87–113):

Der Ich-Erzähler wurde bei den Kämpfen um Montecassino (Mai 1944) von den Polen gefangen genommen. Die Bemerkung eines italienischen Jungen („Jetzt wirst du erschossen": 98) versetzte ihn in Todesangst, so daß er dem Gegner die „Auffangstellungen" (101) verriet. Doch spart der Ich-Erzähler den eigentlichen Verrat aus (zwischen 103 und 104). Der Leser erfährt dann, daß die Polen „überhaupt keine Gefangenen erschossen" haben (104/5), der Verrat also gar nicht lebensrettend war, und daß die „alten Kumpels" in den „Auffangstellungen" bis auf zwei Drückeberger umgekommen sind (107–112).

Die <u>Aussparung</u> des Verrats durch den Ich-Erzähler macht darauf aufmerksam, daß dieser die Schuld am Tod seiner „alten Kumpels" verdrängt hat. Das wird auch durch die <u>Gestaltung von Raum und Zeit</u> unterstrichen. Er scheut die „Helligkeit" (29), liebt die „Dämmerung" (32), damit sein Problem nicht ‚ans Licht kommt'. Doch erinnert ihn das ständige Zittern seiner Hände unentwegt an seine Schuld, die er „vor sechzehn Jahren" (65) auf sich geladen hat, als er „neunzehn" war (69); jetzt ist er „fünfunddreißig" (40) und kann sie nicht loswerden.

Aufgabe 29

In einem Mietshaus wohnen mehrere Familien mit kleinen Kindern. Ein kinderloses Ehepaar, das auch in dem Haus wohnt, fühlt sich durch das Kindergeschrei und Füßegetrampel gestört. Zuerst klopft man mit dem Besenstiel nach oben und unten, um Ruhe zu fordern, dann beschweren sie sich telefonisch bei den Eltern der Kinder, die natürlich den Lärm als unvermeidbar entschuldigen. Schließlich wendet sich der Mann an den Hauswirt, der den jungen Elternpaaren mit Kündigung droht. Weil sie sich keine teurere Wohnung leisten können, bringen die Eltern ihre Kinder durch Einschränkung ihrer Aktivitäten in Spiel und Bewegung zum Schweigen, verbieten ihnen laute Äußerungen. Das kinderlose Ehepaar ist zufrieden, die jungen Eltern unglücklich.

Diese Geschichte wird in Form einer Gesprächssituation erzählt, in der man den Part des anderen Gesprächsteilnehmers der monologischen Rede des Ich- bzw. Wir-Erzählers entnehmen muß: „Ein ruhiges Haus, sagen Sie?" (1), „Wie sie die Kinder zum Schweigen gebracht haben?" (15/6). Es liegt also eine streng personale Erzählperspektive vor, die hier aber nicht so wirkt, daß der Leser Mitgefühl mit der erzählenden Figur empfindet, sondern vielmehr deren Haltung und Verhalten zunehmend mißbilligen muß. Diese Wirkung ist beabsichtigt, was sich an der Wortwahl ablesen läßt. Daß das Zusammenwohnen mit kleinen Kindern die „Hölle" sei (2), ist eine Übertreibung. Daß die Hinweise der Eltern auf die Ursachen der Unruhe ihrer Kinder „Ausreden" genannt werden (9), zeugt von der Unfähigkeit, sich in die Lage von Mitmenschen zu versetzen. Die Rede, daß dann „das Maß voll" gewesen sei (11), stellt demgegenüber eine Steigerung dar. Daß es nach der Drohung des Hauswirts „gleich besser geworden" sei (13), beweist die Intoleranz der Ich-Erzählerin, die durch weitere Ausdrücke ins Groteske gehoben wird: Sie glaubt, daß die Kinder jetzt an den Bettpfosten festgebunden werden (16–18), findet es durchaus in der Ordnung, wenn sie „starke Beruhigungsmittel" erhalten (18/9). Eine weitere Steigerung liegt in der zynischen Bemerkung vor, daß sie, d. h. die Ich-Erzählerin und ihr Mann, „die Eltern wieder" grüßen und nach den Kindern fragen (21–23). Der Gipfel wird dann mit dem – wie eine Pointe wirkenden – Schlußsatz erreicht: „Warum sie dabei Tränen in den Augen haben, weiß ich nicht" (23/4), worin die Unfähigkeit zum Ausdruck kommt, die Folgen des eigenen Tuns und Verhaltens abzuschätzen. Die Ich-Erzählerin vermittelt hier also in einer Weise zwischen Autor und Leser, daß die sprachliche Strategie einer Leserlenkung deutlich wird.

Aufgabe 30

1. Inhaltsangabe

In einem italienischen Schloß hatte einst die mitleidige Herrin einer alten, kranken Bettlerin ein Strohlager in einem Zimmer bereiten lassen, in dem der Schloßherr seinen Gewehrschrank hatte. So stieß er, von der Jagd zurückkehrend, „zufällig" (8) auf das Weib und wies sie an, sich hinter den Ofen zu verfügen. Auf dem Weg dorthin rutschte sie aus und erreichte nur mit Mühe den angewiesenen Platz, wo sie sogleich starb. Jahre später mußte der Marchese das Schloß verkaufen und brachte einen Interessenten in dem gleichen Zimmer für die Nacht unter. Doch meldete sich der Gast verstört bei dem Ehepaar und berichtete, es habe sich jemand von einem Strohlager erhoben, sei quer durch das Zimmer geschlurft und ächzend hinter dem Ofen zusammengebrochen. Der Marchese wollte ihn beschwichtigen, doch der Gast reiste unverzüglich ab.

Um den Vorfall zu überprüfen, nächtigt nun der Marchese in dem Zimmer und erlebt zur Nacht die gleichen Geräusche wie der abgereiste Gast.

Nun will auch die Gräfin an der Überprüfung teilnehmen, und so verbringt nun das Ehepaar, zusammen mit einem Bedienten, die Nacht in dem Zimmer, um wiederum den gleichen Spuk zu erleben, der dem Bedienten gegenüber als harmlos hingestellt wird.

Als sie ein drittes Mal der Sache auf den Grund gehen wollen, kommt „zufällig" (67) der Haushund mit ins Zimmer, dem sich die Haare sträuben, als wieder die Geräusche der hinter den Ofen humpelnden Alten zu hören sind. Als sie den Hund so reagieren sieht, ergreift die Marquesa die Flucht und läßt anspannen, um zur Stadt abzufahren.

Der Marchese aber steckt „müde seines Lebens" (94) mit der Kerze das holzgetäfelte Zimmer an, so daß das Schloß abbrennt und in Trümmer sinkt.

2. Untersuchung der Komposition

Die Komposition ist durch wiederholte Dreiteilung bestimmt. Die beiden ersten Abschnitte enthalten je 3 Sätze in paralleler Anordnung:

1. Ein Bettelweib wird im Schloß aufgenommen (1–7).
2. Anweisung des Marchese, die das Unglück auslöst (7–11).
3. Folge der Anweisung: Tod des Bettelweibs (11–16).
4. Ein potentieller Käufer wird im Schloß aufgenommen (17–20).
5. Anweisung des Marchese, ihn in dem gleichen Zimmer unterzubringen (20–23).
6. Folge der Anweisung: Geistererscheinung (23–30).

Jeder der beiden Abschnitte endet mit den gleichen Worten („unter Stöhnen und Ächzen …": 30 → 15).

Den dreiteiligen Abschnitten der Eröffnung entsprechen zwei weitere Dreiteilungen:
- Dreimal steigt der Marchese in das Zimmer hinauf (Steigerung: zuerst allein: 44 ff., dann mit seiner Frau und einem Bedienten: 57 ff., schließlich mit dem Haushund zusammen: 64 ff.)
- In drei Phasen vollzieht sich die Katastrophe (Steigerung: Die Gräfin flieht, als sie das Entsetzen des Hundes sieht: 85 ff., der Marchese setzt das Zimmer in Brand: 92 ff., das Schloß brennt nieder: 91/2, noch jetzt liegen die Gebeine des Schloßherrn im Winkel jenes Zimmers, von dem er damals das Bettelweib verjagt hatte: 97 ff.).

So weist der letzte Satz wieder an den Anfang zurück („noch jetzt" 97 → „das man jetzt in Schutt und Trümmern liegen sieht": 2/3), die Schloßruine und das ‚Bettelweib' von Locarno, einen Zusammenhang, den der Erzähler nicht erklärt, sondern dem Leser zur Enträtselung aufgibt: Schuld des Marchese und Bestrafung? Einbruch eines unerklärlichen großen Schicksals, das von einem kleinen Zufall her seinen Lauf nimmt?

3. Funktion des Tempuswechsels

Der Textabschnitt 72 bis 92 ist von den übrigen Textteilen durch das erzählende Präsens unterschieden, in denen die üblichen Erzähltempora Präteritum und Plusquamperfekt verwendet werden. Von dem Sonderfall des abschließenden Präsens („und noch jetzt liegen": 97), mit dem der Erzähler aus der erzählten Vergangenheit wieder in seine eigene Gegenwart zurückkehrt und den Kreis der Erzählung schließt („das man jetzt … liegen sieht": 2/3), muß jenes erzählende Präsens sorgfältig getrennt werden. In dem Textabschnitt, in dem es vorherrscht, gibt der Erzähler seine Distanz zum Geschehen auf, um die Katastrophe (letzte Nacht im Spukzimmer, Grauen des Hundes, Flucht der Marquise, Raserei des Marquis) unmittelbar zu vergegenwärtigen. Dieser Abschnitt endet mit dem Bild des brennenden Schlosses, das die fliehende Marquise vor Augen hat. Sogleich danach geht der Erzähler wieder auf Distanz und erläutert, wie es zu dem Brand kommen konnte (92–95).

4. Sprachanalyse des zweiten Abschnittes

Die Untersuchung der Syntax zeigt Kleists Verfahren, die Spannung durch retardierende Elemente zu steigern. Der zweite Satz des Abschnitts (20–23) hat zwar weniger Wörter als der erste (28 : 34), doch der entscheidende dritte Satz (23–30) ist doppelt so lang (70 Wörter). Er ist durch viele Ausdruckspaare

(Synonyme: s. o. S. 58) gekennzeichnet („verstört und bleich": 24, „hoch und teuer": 25, „langsam und gebrechlich": 28/9, „Stöhnen und Ächzen": 30). Auch ist der mit „indem" beginnende Gliedsatz, welcher die Beschreibung des Spuks durch den Gast enthält, in einer Reihe von Prädikaten entfaltet, denen die Hilfsverbform fehlt (Ellipse: s. o. S. 56). Diese ist erst mit dem letzten Prädikat zugefügt, das den Abschnitt abschließt („gewesen": 26, „gelegen": 27, „aufgestanden": 28, „gegangen": 29, „niedergesunken sei": 30). Die Spannungssteigerung erfolgt hier also nicht durch Beiordnung kleiner syntaktischer Einheiten (Parataxe), sondern durch eine komplizierte Unterordnung (Hypotaxe) von Gliedsätzen verschiedener Abhängigkeitsstufen („als": 24, „versichernd, daß": 25, „indem etwas": 26, „das ...": 26, „als ob": 27).

5. Formulierung der Thematik

Das Eingreifen des Unheimlichen, Gespenstischen ins Menschenleben vollzieht sich unentrinnbar und bleibt rätselhaft, kann durch menschliche Bemühung („die Sache ... selbst zu untersuchen": 44, „... einer kaltblütigen Prüfung zu unterwerfen": 57, „der Sache auf den Grund zu kommen": 65/6) nicht aufgeklärt werden.

Aufgabe 31

1. Inhaltsangabe

Der Titel der Kurzgeschichte ‚April, nutzlos vertan' von Klaus Mann gibt einen Hinweis auf ihr Thema, den der Leser erst beim Weiterlesen allmählich verstehen kann. Zunächst wird in einer Exposition (1–37) die Jugendgeschichte eines jungen Mannes „aus dem Mittelstande" mit Namen „Max Perzel" (mit ihm beginnt der Text) bis zu seiner Ankunft in Heidelberg erzählt, wo er Jura studieren soll. Er wird als ein in jeder Hinsicht durchschnittlicher Mensch charakterisiert, in dessen Leben sich bisher nichts „Ungewöhnliches" zugetragen hat (3). Mit dem Satz „Der Tag gehörte ganz ihm" (36/7) leitet der Erzähler zum Hauptteil der Kurzgeschichte über, der die Erlebnisse des Studenten Max Perzel vom Mittag des 30. April (82) bis „Mitternacht" (142) zum Inhalt hat. Diese sind dadurch gekennzeichnet, daß ihm der beginnende Frühling so vorkommt, als erlebe er ihn zum erstenmal. Er folgt dem Wunsch spazierenzugehen.
Als er das Haus verläßt, geht gerade ein wunderschönes Mädchen vorüber, auf das sich eine alte herrische Frau mit harten Gesichtszügen stützt, welche ihre Begleiterin als ‚April' anspricht (76). Max Perzel fragt sich, ob das Mädchen, mit dem er „nur eine halbe Sekunde lang" (66/7) den Blick getauscht hat, so heißt, da kommt ihm der Gedanke, daß „der April fast zu Ende" sei (79). Max will wie-

der hinschauen, da sind die beiden fort. Hier – in der Mitte der Geschichte – fügt der Erzähler die genaue Zeitangabe ein: 30. April, mittags 12 Uhr. Die Begegnung hat den Studenten Perzel aufgewühlt. Er meint, daß eine Tragödie (84) dahinter stecke, will dem Mädchen helfen. Doch plötzlich ergreift ihn panische Angst, er könnte etwas versäumen. Er fühlt eine ihm bisher unbekannte Unruhe in sich (91). Die Zeit, die er bisher einfach hatte verstreichen lassen, erscheint ihm jetzt „kostbar" (94): „Das war die große Veränderung" (94/5). Der April ist noch nicht vorüber, er will jede Stunde, Minute und Sekunde nutzen (98–100).

Nun eilt er zum Fluß hinunter. Zwar findet er das Mädchen nirgends, aber er findet „überall eine veränderte Welt" (105). In seinem Kopf überschlagen sich die Gedanken, er hört die Hilferufe des Mädchens, phantasiert über seine Zukunft, will Dichter, Schauspieler, Musiker werden, auf Wanderschaft gehen. Er stellt sich vor, daß er das Mädchen findet, die Alte erwürgt, aber vor seiner Hinrichtung noch Terror verbreitet (124 ff.). Dann hat er wieder Angst, die Zeit vertan zu haben, wenn nicht noch ein Wunder geschehe (133).

In einem Schlußabschnitt (135–145) beschreibt der Erzähler, wie der sonst so brave Max Perzel im Glückstaumel durchs Dunkel läuft, seine Brille verliert, seine Kleidung zerreißt, bis er ihn um Mitternacht verläßt (141/2), indem er seinen Zustand in der Antithese „Wonne über die gegenwärtige ... Verzweiflung über die entrinnende Minute" zusammenfaßt.

2. Handlung

In der Vorgeschichte (Exposition) ist nach Art eines Lebenslaufs eine Fülle von Handlungen zusammengefaßt dargestellt, doch bildet sie für die eigentliche Handlung nur den Hintergrund. Diese aber besteht nur aus ganz wenigen äußeren Vorgängen:

Er legte sich Bücher ... zurecht (40/1), öffnet das Fenster (41), verläßt das Haus (51), er eilte ihnen nach (80/1), blieb stehen (83), eilte dahin (101), eilte oder saß ermüdet (116), lief in den Gebüschen (136).

Sonst berichtet der Erzähler nur von inneren Vorgängen in der Hauptfigur:

bemerkte er (42), dachte (44, 49, 50), konstatierte (57), dachte (64), überlegte (76), dachte (78) fühlte sich (91), arbeitete es in seinem Kopf (116/7).

Entsprechend diesem Übergewicht der inneren Vorgänge, Wahrnehmungen, Gedanken, Überlegungen, Gefühlen in der Hauptfigur ist die Erzählweise durch erlebte Rede, inneren Monolog, Gedankenbericht des Erzählers gekennzeichnet.

3. Figuren

In der Exposition charakterisiert der Erzähler direkt die Hauptfigur, Max Perzel, als einen durchschnittlichen Jungen, der nie aufgefallen ist, weder in gutem noch in schlechtem Sinne (6/7). Er beendete jedes Schuljahr „mit einem eben noch knapp mittelguten Zeugnis" (11/2). Als Kamerad war er kein Anführer, aber auch kein Feigling. Äußerlich war er nicht schön, aber „ganz hübsch" (23). Das Abitur bestand er „mit der Durchschnittsnote Drei" (28).

Vom Beginn des Hauptteils an (38) charaktersiert die Hauptfigur sich selbst durch ihre Wahrnehmungen und Gedanken. Am Ende interpretiert der Erzähler diese Gedanken (138–145).

Die beiden weiteren Figuren, das Mädchen und die alte Frau, erscheinen nur als Gegenstand der Wahrnehmungen und Gedanken der Hauptfigur („Max konnte ... sehen": 52/3, „konstatierte Max Perzel": 57, „dachte Max Perzel": 64, „schien ihm": 71). Max kann sie nur einen Augenblick lang von außen sehen und schließt von da aus auf ihren Charakter („zornig": 56, „eigensinnig": 60, „herrisch": 66, „empfindlich": 69, „weich": 72).

Abgesehen von dem kurzen Blickwechsel (66–68) gibt es keine Beziehungen zwischen dem Studenten und dem Mädchen. Er malt sie sich nur in seiner Phantasie aus. Auch die Beziehung zwischen den beiden Frauen existiert nur in Max Perzels Wahrnehmungen und der Interpretation, die er ihnen gibt („Tragödie": 84). Es ist also letztlich eine Ein-Figuren-Geschichte.

4. Raum und Zeit

Die Geschichte spielt in Heidelberg, doch wird der Schauplatz nicht realistisch beschrieben. Ortsangaben sind allgemein („mit Blick auf den Neckar": 35/6, „zum Fluß hinunter": 102, „Restaurant": 113, „Gebüsche": 136, „am Rande des Flusses": 139). Die Jahreszeit ist mit typischen Zeichen angedeutet (Frühlingsgrün: 43, blauer Himmel: 46/47). Der erzählte Raum bildet nur den Rahmen für das, was in Max Perzel vorgeht.

Die Jugendzeit des Studenten wird – wie bei einem Lebenslauf üblich – mit starker Zeitraffung dargestellt. Dann ist in dem übrigen Text das, was er am 30. April von mittags 12 Uhr bis Mitternacht erlebt, in der natürlichen Abfolge erzählt. Der zeitliche Zusammenhang zwischen den beiden Teilen wird wiederholt betont („noch nie": 43, „zum erstenmal": 45, „bis jetzt": 92, 97, „noch niemals": 102, „wie anders ...": 110, „bis jetzt": 117, „neun unverzeihliche Jahre": 118, „bis jetzt": 128). In der Bitte, die er an den April richtet, fällt dann endlich das Wort des Titels: „... nutzlos vertan" (134). Dieser eine 30. April wird also dem ganzen bisherigen Leben des Helden gegenübergestellt.

5. Thematik

Die Zeit ist auch das Thema der Kurzgeschichte, und zwar in ihrer Widersprüchlichkeit als gegenwärtige, zu nutzende Zeit und als entrinnende, jeden Augenblick zur Vergangenheit werdende Zeit. Der Held der Geschichte hat diesen Widerspruch bisher gar nicht erfahren, weil er den vorgezeichneten Weg bis zum Abitur gegangen war. Nun, in Heidelberg, gehört die Zeit ihm (36/7), darf er, ja muß er selbst über sie verfügen. Zunächst will er das so tun, wie man es ihm beigebracht hat (38–41). Doch dann schaut er in die Frühlingslandschaft, begegnet dem Mädchen, das genauso heißt, wie der zu Ende gehende Monat: April. Da geht eine Veränderung in ihm vor. Plötzlich erkennt er die Zeit, an die er nie gedacht, als etwas Kostbares, Geheiligtes (94), das genutzt sein will. Aber er weiß ja noch gar nicht, wie er sie nutzen soll, er ist noch zu jung. So überläßt er sich seiner Phantasie, legt Banalitäten Bedeutung bei (113–116), entwirft verrückte Zukunftspläne (120–127) und wartet auf ein Wunder (133). Der Erzähler charakterisiert in seinem Schlußkommentar den Zustand zwischen Kindheit und Erwachsenwerden, den Max Perzel erlebt: Ein Herz, das bisher „gleichmütig geschlagen hatte", wird nun zwischen „Wonne" über die „gegenwärtige" und „Verzweiflung" über die „entrinnende" Zeit hin und her gerissen.

6. Erzählweise

Der auktoriale Erzähler, der die Vorgeschichte berichtet (1–37) und im Schlußabschnitt – den Leser miteinbeziehend („wir": 138, 141/2) – das Ganze kommentiert, gibt die inneren Vorgänge des Helden auf folgende Weise wieder:

(1) Personale Perspektive: Die erzählte Welt wird mit den Augen der Figur gesehen („bemerkte er": 42, „Max konnte ... sehen": 52/3, „schien ihm": 71). Diese Weltsicht des Jugendlichen, der zum erstenmal Vergänglichkeit erlebt, ist das Thema.

(2) Gedankenbericht: Was die Figur denkt und empfindet, wird zunächst vom Erzähler referiert („er dachte": 44, 49, 50, 78). Auch später greift er immer wieder ein („bemächtigte er sich", „er fühlte sich": 90/1). Wichtiger aber ist die ‚Erlebte Rede'.

(3) Erlebte Rede: Diese zwischen Bericht (3. Person, Präteritum) und direkter Rede stehende Darstellungsform wird hier mehrmals in Form von Fragen verwendet, die sich der Held in Gedanken stellt (84–89, 92/3) und dann zur direkten Rede (Innerer Monolog) geführt.

(4) Innerer Monolog: Diese Form steht jeweils am Ende der Gedankenwieder-
gabe, einmal in der Aufforderung, die der Held an sich richtet (98–100), dann
aber (nach der Passage erlebter Rede: 102–116) in der Steigerungsfigur (Klimax), welche Zukunftsphantasien mit der Angst um die verstreichende Zeit
verbindet (117–134) und in einer Art von Gebet an den „gesegneten Monat"
(132) endet.

Jedesmal also stehen personale Sicht und Gedankenbericht am Anfang, der
innere Monolog am Ende eines Abschnitts.